AF359464

LETTRE

DE PÉTRARQUE

A

LAURE,

Suivie de Remarques fur ce Poëte, & de la Traduction de quelques-unes de fes plus jolies Pièces.

Sur cette Roche fut écrite la Lettre qui toucha ton cœur. Ces cailloux tranchans me fervoient de burin pour y graver ton Chiffre J. J. R. Nouv. Hel.

A PARIS,

Chez Sébastien Jorry, Imprimeur-Libraire, rue & vis-à-vis la Comédie Françoife, au Grand Monarque & aux Cigognes.

M. DCC. LXV.
Avec Approbation.

Parmi tant d'objets qui fe préfentent en foule je choifis celui-ci, comme approchant davantage de mes affeᶜtions & de mon caractère. Je n'ai d'ailleurs ni le talent de traiter avec fuccès un Sujet plus impofant, ni même le courage de l'entreprendre. Celui-ci n'eſt pourtant pas fans difficultés ; mais elles naiſſent bien moins du fond de la matière, que de la façon dont on l'envifage aujourd'hui. Il n'eſt prefque plus permis de préfenter aux hommes des fcènes fimples, paifibles & puifées dans le calme enchanteur de la Nature.

On ne trouvera dans cette Lettre, ni les malheurs affreux, ni les horreurs que la funeſte paſſion de l'amour n'a que trop fouvent occafionnés. On n'y verra que la peinture d'un cœur fenfible & plein de ce qu'il aime, dont l'Amante adorée mérite d'exciter les defirs, & de caufer les regrets.

A ij

Ce que le cœur peut fentir , ce qu'une tendreffe mutuelle , une union fondée fur l'eftime & les fentimens les plus épurés, peut enfanter de douceurs ; tout fut porté par eux jufqu'au plus haut degré ; & s'il y eut jamais quelqu'un d'heureux , ce fut à mon avis , Pétrarque & Laure.

Tous les hommes le feroient , fi , réflé-chiffant davantage fur les fources du vrai bon-heur , ils pouvoient prolonger le charme dont l'Amour fçait embellit le premier fentiment qu'il infpire. La candeur , l'enthoufiafme de la vertu , compagnes ordinaires du premier foupir dont il eft l'auteur , les garantiroient, au moins pour un plus long temps , de la foule des autres paffions , qui les attendent pour les rendre malheureux , & fouvent pour les avilir. Leur cœur jouiroit plus long-temps *, & rien

---

* Ces fentimens font faits pour être relégués parmi les heureufes chimères des idées *Platoniques*; fyftême enchanteur , dont les belles âmes feront toujours leurs délices.

n'eſt préférable à ſa jouiſſance. Ce fut à cet heureux état, prolongé juſqu'à la mort de la belle Laure , que Pétrarque dut la félicité dont il jouit avec elle pendant vingt ans.

Je ne crois point avoir beſoin de faire con‑naître les deux Amans dont il s'agit. Des Mémoires, nouvellement donnés au Public , le mettent au fait de leur hiſtoire *. Si je m'y ſuis permis quelques légers changemens , voici les raiſons qui m'y ont déterminé.

Il ſeroit fort extraordinaire aujourd'hui , qu'un Amant ſe plaignît de l'éloignement de ſa Maîtreſſe , tandis qu'il ne tiendroit qu'à lui de s'en rapprocher. J'ai ſuppoſé , pour rendre ſon abſence raiſonnable , Pétrarque , Ambaſ‑ſadeur ; notre Amant n'auroit pû ſe refuſer à cet honneur. (Il eſt dit d'ailleurs dans ſa vie , que pluſieurs Princes *le chargerent de divers*

---

* Ce n'eſt pas dans ces Mémoires que j'ai pris le peu que l'on en verra. Quiconque les aura lus , ſentira les raiſons que j'ai eues de ne les pas conſulter.

emplois.) On plaint un homme quand son malheur n'eft point volontaire. De cette fitua-tion peut naître l'intérêt, & la preuve de la vivacité de fon amour.

J'aurois bien voulu peindre celui de Pé-trarque auffi pur qu'il prétend l'avoir reffenti. Mais comme depuis long-temps on ne croit plus à tant de fageffe, j'ai mieux aimé me plier au goût de ce Siècle, que de rappeller celui d'un autre. J'ai cédé triftement à la néceffité.

Je fens bien qu'on pourroit me dire qu'il auroit fallu peut-être égaler Pétrarque pour ofer le faire parler. Mais, outre que ce Poëte n'eft pas auffi connu * chez nous qu'il devroit

---

* On pourroit diftinguer dans Pétrarque le *Poëte* & l'*Amant.* C'eft le dernier qui parle dans cette Lettre. (Quelqu'un me dira peut-être qu'il n'eft pas difficile de croire que le *Poëte* n'y parle pas ; mais je m'at-tends à des critiques.) Les *Amours* de *Pétrarque* font plus fouvent citées que fes *Ouvrages.* C'eft d'après l'idée

l'être, c'est que ma hardiesse ne peut retomber que sur moi ; sans ternir l'éclat de sa gloire, bien au-dessus de mes atteintes.

Dans l'Essai d'une Traduction de quelques Pièces que je donne après cette Lettre , je n'ai eu d'autre dessein que d'ébaucher un Projet. Si quelqu'heureuse Plume , à cette occasion, entreprenoit de nous traduire Pétrarque ; que je m'applaudirois d'avoir fait naître cette idée ! Ce seroit là mon plus bel Ouvrage.

---

la plus générale & la plus répandue , que j'ai entrepris cette Lettre. J'ai cru cependant devoir conserver quelque chose du *génie* & du *caractère particulier* de ce fameux Auteur. Il parle souvent de défaillances amoureuses. Il est très-fertile en descriptions. J'en ai laissé dans cette Lettre plus que je ne m'en serois permis dans aucun autre Ouvrage ; pour avoir au moins quelques défauts de Pétrarque , si je n'atteins point à ses beautés.

LETTRE

LETTRE
DE PÉTRARQUE
A LAURE.

PÉTRARQUE, *Ambassadeur à la Cour d'Alphonse, Roi de Castille, se retiroit souvent dans une solitude écartée pour y rêver à ses amours. Endormi dans une caverne où il s'étoit reposé pendant la nuit, il se réveille au premier rayon du jour naissant, & commence aussi-tôt sa Lettre, encore plein de l'idée d'un songe qu'il y racontera.*

QUOI, Laure ?... Vains regrets ! Importune lumière ;
Ton éclat a frappé ma tremblante paupière,
Et Laure a disparu ! Tout fuit... & mon réveil
Dissipe les plaisirs, enfans de mon sommeil !

Toi qu'ornent à mon gré la tendresse & l'estime,
Cœur pur, esprit sans fard, âme tendre & sublime,

D'un bonheur menfonger vois du moins le tableau.
Pour le tracer, Amour, viens, conduis mon pinceau.

Le jour alloit baiffant. Quelques rayons à peine,
Lancés du haut des monts, s'éteignoient dans la plaine.
Le Moiffonneur chargé, par fes ruftiques chants
Nous annonçoit le foir & les travaux ceffans.
Un vent frais s'élevoit du fein de l'onde pure;
Son fouffle bienfaifant ranimoit la Nature.
Le fommeil, aux humains, dans le fein du repos
Préparoit fes douceurs & l'oubli de leurs maux.
Mais, plongé dans l'horreur d'un farouche filence,
J'éloignois fes faveurs, je bravois fon abfence.
La Lune, feul témoin de mes foupirs brulans,
Sur les bords d'un torrent guidoit mes pas tremblans.
Mon cœur étoit brifé, mon âme étoit flétrie;
Des larmes dans mes yeux la fource étoit tarie;
Sur mon être éperdu, le funèbre Cyprès
Sembloit fous fes rameaux répandre les regrèts.

A mes regards frappés une caverne antique
Offre pour ma foibleffe une retraite unique.

J'entre. De la terreur c'est le séjour affreux.

Mais qui pourroit aigrir mes tourmens douloureux ?

Hélas ! Laure (*a*) est absente ! & tout dans la Nature

Me trace de l'horreur une égale peinture !

Un monceau de débris, triste ouvrage des ans,

Se présente & reçoit mes membres chancelans,

Le Silence, l'Effroi de leurs aîles glacées

Enveloppoient l'amas des roches entassées ;

A mes côtés l'Amour, qu'opprimoient les Douleurs,

Etouffoit ses sanglots, & dévoroit ses pleurs.

Enfin par mes efforts ma foiblesse redouble ;

De mes yeux presqu'éteints la lumière se trouble ;

D'un tranquille sommeil les bienfaisans pavots

Enchaînent ma tristesse & suspendent mes maux.

(*a*) On a voulu jetter des doutes sur l'existence de *Laure*. Je crois qu'ils ne peuvent tomber tout au plus que sur son nom. Est-il le véritable ? En est - ce un supposé ? La difficulté de répondre à cette question ne prouve point du tout qu'il soit important de le faire. L'Amante de Pétrarque étoit, nous dit - on, fille de *Henri Chabeau*, Seigneur de *Cabrieres*, endroit situé à une demie lieue de *Vaucluse*.

Un fonge... Un fonge ? ô Dieux ! pourquoi n'eft-ce
　　qu'un fonge ?
Laure , Laure , du moins , repais-toi d'un menfonge.
D'une paifible nuit rappellons la douceur :
C'eft une nuit fouftraite au régne du malheur.

　　Non loin de ces côteaux , où , d'une heureufe fource ;
Vauclufe (*b*) en bouillonnant fe groffit dans fa courfe,

(*b*) On voit près du Village de ce nom , dans le
Comté Venaifain , aux confins de la Provence, & pro-
che de la Ville d'Ath , fur un rocher efcarpé , les reftes
d'un vieux Château que l'on nomme la *Maifon de
Pétrarque* , où l'on dit qu'il compofa fes Poëmes. On
trouve à 500 pas du Village, la Fontaine de *Vauclufe.*
C'eft elle dont il s'agit ici. C'eft un grand baffin au pied
d'un rocher d'où coule une grande quantité d'eau , en
forme de cafcades naturelles. Ce lieu eft célébré par les
Poëtes de tous les temps. *M. Lefranc,* dans fon *Voyage
de Provence ,* évoque à *Vauclufe* le Génie de nos deux
Amans , & fe fait affurer par fa bouche, que ce lieu
charmant fut témoin de leurs tendres careffes. C'eft cette
opinion que j'ai fuivie. Je ne rapporterai ici, de tout ce
qui a été écrit fur ce féjour enchanté, que deux mor-
ceaux d'une Ode traduite où il en eft queftion.

　» Dans les délicieux ombrages , près de la rafraîchif-

Eſt un vallon riant. Dans leurs fertiles cours
Les ruiſſeaux argentés y forment cent détours.
La terre, que nourrit le tribut de leur onde,
S'embellit ſur leurs pas, & devient plus féconde.
C'eſt là... (*c*) c'eſt ſur ſes bords, où dans mon jeune
        cœur
Ma Laure d'un regard éveilla le bonheur,

» ſante *Vaucluſe*, où *Pétrarque* fixa ſon humble retrai-
» te, peut-être, ô Nymphes, aux pieds d'argent, peut-
» être aimez-vous encore à cueillir la fleur qui naît ſur
» ces bords, & à répandre vos parfums les plus doux
» ſur les boſquets de myrthes verdoyans. Vous aimez
» à voir ce bouton de roſe s'ouvrir ſur le terrein ſau-
» vage où votre Poëte repoſoit autrefois ſa tête.

   » Sur l'écorce du hêtre & du platane, vous voyez
» encore les tendres plaintes de l'Amour gravées en
» traits plus touchans que les accens de l'éloquence.
» C'eſt là qu'il répandit des larmes amères ſur les
» cendres de *Laure* ; & vous cherchez à calmer l'ombre
» plaintive de cette Amante chérie, en couronnant ſon
» tombeau des fleurs les plus fraîches du vallon. »

   (*c*) N. B. *Comme la Note qui répond à ce Vers arrê-
teroit trop long-temps le Lecteur ; il la trouvera immé-
diatement après la Lettre, dont il peut continuer la
lecture.*

Et dans fes bras... c'eft là, qu'au lever de l'aurore,
Dans un de nos beaux jours je me croyois encore.

Là, de myrthes touffus un bofquet enchanté
Sous fon ombre appelloit la douce Volupté.
Par les mains des Amours deux couronnes tiffues
A des liens de fleurs paroiffoient fufpendues.
Des orangers fleuris la raviffante odeur
Par mes fens enyvrés alloit chercher mon cœur.
Tout dans ce lieu charmant refpiroit la tendreffe ;
Partout étoient empreints les pas de la Moleffe.
Des boccages épars les habitans aîlés
Echauffoient les défirs par leurs jeux réveillés.
Leurs éfforts couronnés, leurs careffes fenfibles
Agitoient le feuillage & les rameaux fléxibles.
Pour voler à fon gré dans ce riant féjour,
Le Bonheur avoit pris les aîles de l'Amour.

J'avance en foupirant ; l'efpérance & la crainte,
En ranimant mes feux, redoubloient ma contrainte.
Tu parois. Quel moment ! Je lis dans tes beaux yeux,
D'un défordre enchanteur l'augure précieux,
Et ton trouble ingénu redouble mon délire.
Du boccage voifin le charme nous attire ;

Mon cœur impatient y vole dans tes bras,
Et nos défirs preffans y devancent nos pas.
Des myrthes odorans le pur & frais ombrage
Au timide embarras offre un épais feuillage.
Aux rayons du Soleil, aux regards curieux,
Son ombre nous dérobe... & recélle nos feux.
Ombre chère & facrée, afyle du myftère,
Des céleftes plaifirs augufte fanctuaire,
Témoin de mes tranfports, que tu vis couronner,
Qu'aucun Mortel jamais ne t'ofe profaner !

De l'amour fortuné la douce jouiffance
De mes élans preffés calmoit la violence.
Sur ton fein palpitant, affoibli... mais heureux„
Ton amant favouroit tes baifers amoureux.
De mes fens épuifés la touchante foibleffe
Dans mon cœur embrâfé concentroit mon ivreffe.
O pures voluptés ; ô fuprêmes douceurs !
Ainfi (tu t'en fouviens) tes premières faveurs,
Quand j'allois expirer, aux champs de la *Provence...*
Le Dieu qui nous voîla m'ordonne le filence.

De mes yeux enchantés les regards fatisfaits
Sembloient dire, en fixant ces boccages fecrets :

» Là, d'un baifer ravi l'empreinte pénétrante

» Dans mes bras tout-à-coup fit tomber mon Amante.

» Ici, fon fein de lys preffé contre mon cœur

» De mes fens allumés irrita la fureur.

» Là du gazon fleuri l'herbe tendre eft foulée ;

» C'eft là que du PLAISIR l'heure s'eft écoulée !

Tranfporté, dans tes bras... mais le jour eft venu !

A la froide fageffe ô bonheur inconnu,

Réduite à ton fecours, mon âme ici t'implore.

Dans mes fonges du moins je puis jouir encore.

Oui ; Laure, ton Amant prend à témoin les Cieux,

Qu'il feroit expiré dans ces fauvages lieux,

S'il n'eût vu quelquefois, par une erreur chérie,

Eteindre fes défirs, & ranimer fa vie.

D'un menfonge flatteur tel eft l'heureux pouvoir :

Son preftige fouvent ranime notre efpoir.

Un Rêve a des douceurs que l'Amour affaifonne ;

Il fait naître les fleurs dont fa main me couronne :

Il me laiffe, en fuyant, cette douce langueur,

Ce charme qui nourrit & pénètre le cœur.

Des folâtres plaifirs le tendre effain s'envole ?

Du moins la Volupté me refte, me confole.

Laure,

(Laure, ſi je pouvois tranſmettre en le peignant,

Dans ton cœur attendri ce délire touchant !)

Conſumé de regrèts, plongé dans les allarmes,

Un ſonge offre un moment de quoi ſécher mes larmes,

Et mes fougueux déſirs, élancés au bonheur,

S'ils trouvent ſon image... y briſent leur ardeur.

Puiſſe d'un Rêve heureux le favorable augure

Me préparer des biens qu'il n'offre qu'en peinture !

Cet eſpoir enchanteur me ſeroit-il permis ?

Dois-je preſſer encor de mes pas affermis,

Ces champs où de mon cœur j'offris le tendre hommage?

Vallons chéris des Dieux, où brille leur I M A G E,

Chers & diſcrets témoins de mes heureux momens,

Prêterez-vous encor votre ombre à deux amans ?

Oui. De mes vœux ardens l'impétueux langage

M'eſt de leur vérité l'indubitable gage.

Oui. Bientôt délivré de mes ſerviles fers,

Je revole à tes pieds ignorer l'Univers.

Un jour, un jour luira, (j'en vois naître l'aurore,

Qui rendra pour jamais ton Amant à ſa Laure.

L'air pur s'éclairera du flambeau de l'Amour.

Le Ciel plus coloré t'apprendra mon retour.

C

Pour ce moment heureux la fenfible Nature
Paraîtra s'embellir fous fa fraîche parure.
Un parfum plus exquis s'exhalera des fleurs :
Tu verras s'animer leurs brillantes couleurs.
A ces fignes certains, que ma Laure attentive
Courre d'un pas léger m'attendre fur la rive.
Là, du côteau voifin, mes regards arrêtés
Devanceront encor mes pas précipités ;
Et fi l'éloignement te dérobe à ma vue,
Mon cœur à fes tranfports t'aura bientôt connue.

Un inftant, s'il fe peut, réprimant fon effor,
D'un rapide coup d'œil il fixera fon fort.
Le bonheur qui l'attend, le penchant qui l'entraîne,
Des regrèts pour toujours la fin fûre & prochaine,
L'Amour & fes douceurs, ma Laure & fes attraits,
Dans un point réunis viendront offrir leurs traits.

D'un tableau fi flatteur, mon âme impatiente
A peine aura fixé la peinture attrayante,
Que moi-même à tes pieds volant tout oublier,
Sous le faix du bonheur tu me verras plier.
Si d'un inftant fi vif, l'enivrement, l'extafe
Font défaillir mon cœur fous un poids qui l'écrafe ;

A tes genoux preſſés d'un bras foible , tremblant ,
Si tu voyois Pétrarque éperdu , chancelant . . . .
Tu ſçais , Laure , tu ſçais que tes tendres careſſes
Raniment mes langueurs , diſſipent mes foibleſſes.
Sans ce remède heureux , ſans ce puiſſant ſecours ,
Vaucluſe de ma vie eût vu ceſſer le cours.
De ta tendre pitié , que de nouveau j'implore ,
Mes jours ſont un préſent; je les rends à ma Laure.
Jours heureux , qui verront combler tous mes déſirs ,
Et renaître pour moi le règne des plaiſirs !
Non , jamais des humains l'âme ſenſible & tendre ,
A mes raviſſemens n'aura droit de prétendre.
Pour les mériter , Laure , ils n'ont point mon ardeur ,
Laure , pour y ſuffire , il leur faudroit mon cœur.
Le temps , que braveront nos longues deſtinées ,
En ſiècles de B O N H E U R changera nos années.
Tantôt le jour naiſſant , par ſes vives couleurs ,
De nos yeux attendris fera couler des pleurs.
Dans nos embraſſemens nos âmes réunies
D'un ſpectacle ſi beau feront toujours ravies.

Tantôt à tes côtés , au bord de nos forêts ,
Mes yeux dévoreront tes céleſtes attraits ;

Où, pour peindre mes feux, à l'ombre d'un boccage ;
Mon éloquente bouche aura plus d'un langage.
Ou bien, foulant aux pieds les fleurs & le gazon,
L'Amour empruntera la voix de la Raison ;
De la fin d'un beau jour je prendrai mes images,
Pour te peindre mon cœur sans trouble, sans nuages.

Quelquefois, égarés dans nos bosquets épars,
Nos chiffres enlacés fixeront nos regards.
Ma main les a gravés dans ce réduit champêtre,
Ils auront crû ; comme eux nos feux n'auront pu craître ;
Vaucluse aimable lieu, cher & charmant séjour,
Qu'habite la Beauté, qu'embellira l'Amour,
Alors, tes traits chéris gravés dans ma mémoire,
De nos anciens plaisirs nous traceront l'histoire.
Laure, toujours émus, nous reverrons ces bords
Où nos jours s'écouloient dans nos premiers transports ;
Où, de vivre à nous seuls, de nous aimer sans cesse,
Tu reçus, tu scellas la constante promesse.

Quand tu fus pour un temps absente de ces lieux,
Laure, tu sçais, en proie à ses tourmens affreux,
Que mon cœur déchiré, mes yeux baignés de larmes,
Dans ce séjour heureux retrouvoient quelques charmes,

Ces boccages témoins de tes tendres faveurs
Faiſoient, dans mes chagrins, naître quelques douceurs.
C'eſt là qu'à tes regrets, ſous leurs épais ombrages
Mon ſouvenir du moins, dans de nouveaux orages,
Offriroit... qu'ai-je dit? jamais un ſeul inſtant
Ton cœur n'empruntera ce remède impuiſſant ;
Un Ciel toujours ſerein brillera ſur nos têtes ;
D'un Monarque voiſin les rapides conquêtes
Ne viendront plus briſer nos nœuds, nos tendres nœuds :
Enſemble pour jamais, Amans toujours heureux,
D'une douce union l'inépuiſable ſource
Sera pour tous les temps notre unique reſſource.

Eh ! que m'importe, à moi, de ſtériles honneurs ?
Te chérirai-je plus dans mes triſtes grandeurs ?
Ou, crois-tu que ſenſible à leur pompe frivole,
De ta perte aujourd'hui leur éclat me conſole ?
Qui partage l'amour que tes yeux m'ont juré,
D'un vain rang loin de toi ſera-t-il enivré ?
Ce fut en frémiſſant, qu'à tes ordres docile,
Je pliai ſous ce joug ma volonté facile :
Mon cœur ſaignant, mes pleurs, mon déſeſpoir, mes cris,
Quand je quittai ces lieux, te l'ont aſſez appris.

Je ferrai dans mes bras mon Amante craintive,
Je reçus les adieux de fa bouche plaintive,
Je lui jurai cent fois.... Mais la plus prompte mort
Auroit dans mes fermens dû terminer mon fort;
Une fombre pâleur terniffoit ton vifage,
De tes fens la douleur t'avoit ravi l'ufage;
Et tes yeux fur les miens ftupidement fixés,
Paraiffoient égarés, interdits, courroucés....
Laure, ce n'étoit pas ces traits fi pleins de charmes,
D'où l'Amour empruntoit fes triomphantes armes.
Ce n'étoit plus ces yeux... Mais je puis du bonheur
Y retrouver encor le regard enchanteur.
C'en eft fait. De mon cœur j'écoute le langage.
D'un titre faftueux l'honorant efclavage
Va voir rompre à tes pieds fes farouches liens,
Et de leurs nœuds brifés faire un trophée aux tiens.
Oui; j'en crois de l'Amour la promeffe flatteufe;
J'en crois de mes fouhaits l'ardeur impérieufe:
Mon Amante y confent; j'abandonne ces lieux,
Pour revivre en fes bras ... ou mourir à fes yeux.

FIN DE LA LETTRE DE PÉTRARQUE.

Note de la page *13.*

(*c*) Ce fut , à ce que prétendent les Hiſtoriens , le jour du *Vendredi-Saint*, que *Pétrarque* vit *Laure* pour la première fois. C'étoit , ſi nous en croyons notre Amant, *l'an 1327, le 7 d'Avril au matin.* Si le Sonnet eût admis un vers de plus , nous ſçaurions *le moment précis* de leur entrevue. Ces ſortes de détails peuvent peut-être intéreſſer un Amant ; mais à coup ſûr ils ennuiront le Lecteur. Ce ne fut certainement pas par de pareils traits, mais bien par des beautés ſans nombre, dont ſes Ouvrages ſont remplis , que Pétrarque mérita les honneurs d'un triomphe qui paraîtroit aujourd'hui bien extraordinaire. En voici la deſcription faite par un de ceux qui y furent préſens. Je la rapporte ici malgré ſa longueur ; parce qu'elle fournit des traits ſinguliers & piquans , propres à faire connaître le génie du Siécle où il ſe fit , & le caractère du Peuple qui en fut l'admirateur & le témoin.

» On habilla Pétrarque de ſes habits de triomphe.
» On lui mit au pied droit un *Cothurne*, chauſſure des
» Poëtes Tragiques, & au pied gauche un *Brodequin*,
» celle des Poëtes Comiques. Il ſe revêtit enſuite d'une
» grande robe traînante de velours, pliſſée autour du
» col, & brodée d'or, avec une ceinture garnie de
» diamans. Sur cette robe il en prit une autre de ſatin
» blanc , qui étoit l'habit ordinaire des Empereurs dans

» leurs triomphes. Sur la tête il avoit une mître de
» brocard d'or avec ses infules pendantes fur le dos.
» A fon col une chaîne d'or, où étoit attachée une
» petite Lyre d'yvoire, & une paire de gants de loutre à
» fes mains ; tous ornemens myftérieux & fignificatifs.
» Une jeune *Damoifelle* , vêtue d'une peau d'ours,
» tenant une bougie allumée dans fa main gauche, &
» les pieds nuds, portoit la queue de fa robe.

 » Pétrarque , defcendu dans la cour en cet équi-
» page, trouva un char tiffu de *Laurier*, de *Lierre* & de
» *Myrthe*, couvert d'un drap d'or, dans la broderie du-
» quel on voyoit le *Mont Parnaffe* , la *Fontaine Aga-*
» *nippe*, le *Cheval Pégafe*, *Apollon* & les *neuf Mufes*,
» avec *Orphée*, *Homère* & plufieurs autres Poëtes Grecs
» & Latins , comme *Virgile*, *Catulle* ; d'autres Tofcans
» comme *Rannuciio* & *Albert de Caftel-Florentin*.

 »Pétrarque une Lyre à la main monta dans ce char,& fe
» mit fur un fiége foutenu d'un Lion, d'un Gryphon, d'un
» Eléphant & d'une Panthère. Auprès de lui on voyoit
» du papier , de l'encre, des plumes & des livres. Ce
» char étoit environné de mille *Amours* & des trois
» *Grâces*. *Bacchus* le conduifoit. Le *Travail*, fous la figure
» d'une femme vêtue de bure, marchoit devant, chaf-
» fant à coup de fouet une femme qui repréfentoit l'*Oi-*
» *fiveté*. Trois hérauts étoient aux portières du char;
» l'un tenoit le *Laurier*, l'autre le *Lierre*, le troifiéme
» du *Myrthe*. La *Pauvreté*, la *Dérifion*, habillées de peaux
» de fanglier, fuivoient ce char, près duquel marchoit
l'*Envie*

» l'*Envie* qui tenoit un arc bandé à la main. Deux Chœurs
» de Musique le suivoient avec une infinité de *Satyres*,
» de *Faunes* & de *Nymphes* qui dansoient, & chantoient
» les louanges du Poëte. Il marcha vers le Capitole ;
» toutes les rues par lesquelles il passa étoient richement
» tapissées & semées de fleurs ; les Eglises ouvertes &
» parées. Les Dames aux fenêtres lui jettoient des
» eaux de senteur & des œufs parfumés. Mais il arriva
» malheureusement qu'une femme, s'étant méprise,
» lui versa sur la tête une bouteille d'eau forte qui le
» rendit chauve tout le reste de sa vie.

» A la fin d'un Discours qu'il prononça au Capitole, il
» fut proclamé Poëte & couronné de trois couronnes, la
» 1re de Lierre, comme *Bacchus* premier * Poëte, l'au-
» tre de Laurier comme les Empereurs, la 3e de Myrthe
» comme le plus tendre des Amans.... Il se retira ensuite à
» quartier ; où en présence des *Conservateurs*, du *Sénateur*
» & du *Maître des Cérémonies*, il ôta sa robe & tira des
» *armes*, ce qui étoit indispensable. Il remonta dans son
» char, & vint rendre grâce à Dieu au Vatican, où l'on
» dît Vêpres & Complies. Il descendit chez le Seigneur
» *Etienne Colonne*, où l'attendoit un souper magnifi-
» quement servi. A la fin repas, il termina la fête par
» un Ballet qu'il dansa en présence des Dames assem-
» blées.

Cette Cérémonie se fit le jour de Pâques de l'année

* *Ceci mériteroit d'être prouvé.*

D

mil trois cent quarante & un. Pétrarque n'avoit encore que 37 ans. Les réfléxions que le Lecteur aura faites à l'occasion de cette pompe singulière & mêlangée, me dispensent de lui donner les miennes.

Notre Auteur, en parlant de ces honneurs, qu'il appelloit *extraordinaires*, (il avoit bien raison) en fut étonné lui-même, aussi bien que de la manière dont il fut reçu par différens Princes. Voici ce qu'il en dit, dans sa *Lettre à la Postérité*.

» J'étois accueilli familiérement par les plus grands » Seigneurs, & même par les Rois. J'étois aimé des » premiers de l'Etat. Mon bonheur alla jusqu'à exciter » contre moi l'Envie. Je sçus plaire aux plus puissans » Monarques de mon temps. J'ignore ce qui put m'atti- » rer tant d'égards ; c'étoit à eux à le sçavoir. J'agis- » sois avec quelques-uns d'entr'eux comme s'ils n'eus- « sent été que de mon rang ; le leur ne se faisoit sentir » à moi, que par les avantages considérables que j'en » sçavois retirer.

Ainsi, comme l'on voit, en le supposant *Ambassa-deur*, on n'a point choqué la vraisemblance.

REMARQUES
SUR LE PÉTRARQUE.

APRÉS avoir tâché de faire parler l'*Amant*, essayons de faire connaître le *Poëte*. Comme ce que j'en dirois seroit toujours fort au-dessous de ce qu'on en va lire, je vais rapporter ici quelques traits d'un excellent Morceau. Sans doute on y reconnaîtra la sçavante main dont il est l'ouvrage.

» Pétrarque ne chercha pas plus que ses
» Prédécesseurs & ses Contemporains à pur-
» ger la passion de l'amour. La Littérature
» ancienne sur laquelle, dit *Scaliger*, il osa
» le premier porter un regard assuré, le con-
» duisit peut-être à mettre dans la Poësie Ita-
» lienne plus de grâce, plus de mouvement,
» plus d'intérêt, & surtout plus d'harmonie

>> qu'elle n'en avoit jufqu'alors. Mais en chan-
>> tant fa tendreffe il n'eut garde d'emprunter
>> le ton de *Catulle*, d'*Horace*, de *Tibulle*,
>> de *Properce* & d'*Ovide*. Ce langage eût mal
>> réuffi dans un temps, où pour plaire à fa
>> Maîtreffe, il falloit paraître avoir en quel-
>> que forte oublié fes facultés corporelles, &
>> le befoin des fens... Pour peu qu'on fe
>> familiarife avec lui, on ne fçauroit fe dé-
>> fendre de je ne fçais quel charme, qui d'a-
>> bord flatte l'oreille, enfuite s'empare dou-
>> cement de l'imagination, & enfin pénètre
>> infenfiblement jufqu'au fond de l'âme...
>> Malgré fes défauts, il ne laiffe pas de mé-
>> riter fa célébrité. Il créa des expreffions,
>> des images & une Poéfie nouvelle... Il
>> chanta, comme les anciens Poëtes, la paf-
>> fion de l'amour, mais fur un ton bien dif-
>> férent. Enfin, le grand mérite de Pétrar-
>> que eft d'avoir choifi, placé, appliqué &

>> figuré ſes expreſſions d'une manière ſi con-
>> forme aux mœurs & au goût de ſa Nation,
>> que ſon ſtyle devint pour jamais le modèle
>> & la règle du ſtyle des Poëtes Lyriques,
>> Italiens, &c. <<

On ajoute qu'*aucune Langue ne peut s'en-
richir de ſa manière ;* & que *le traduire*, ce
ſeroit *le diſſoudre*. Cela ſans doute n'eſt pas
propre à encourager quiconque voudroit en
entreprendre une Traduction complette. Mais,
outre que la gloire naîtroit dans ce cas de la
difficulté de réuſſir ; je crois qu'on peut du
moins eſſayer d'en faire connaître quelques
Pièces ; ſans ſe flatter cependant de rendre
toute leur force , toute leur beauté , toute
leur harmonie. Ces ſortes d'entrepriſes, (&
c'eſt d'avance une conſolation pour moi ,) ne
feroient point de déshonneur , quand le
ſuccès ne rempliroit pas l'attente de celui qui
les a formés. J'ai dit ailleurs dans quel deſſein
je donnois cet Eſſai.

ESSAI d'une Traduction libre de quelques Piéces du PÉTRARQUE.

SONETTO.

Solo é penfofo.

SOLITAIRE & rêveur, je marche d'un pas lent & mefuré, dans les campagnes les plus défertes ; les yeux attentifs à fuir la trace des hommes que je trouve imprimée fur le fable.

Hélas ! Je n'ai pas d'autre moyen pour cacher ma paffion à tous les regards ; car on connaîtroit à la triftefle peinte fur mon vifage quel eft le feu qui dévore mon cœur.

Il eft fi vif qu'il me femble que les montagnes & les collines, les forêts & les fleuves des environs fçavent le deftin de ma vie, que je m'efforce de dérober à la connaiflance des hommes.

Mais hélas ! quelque fauvages, quelque efcarpés que foient les lieux où je me trouve ; il n'en eft point où l'Amour ne me fuive. Il s'y entretient avec moi ; je m'y entretiens avec lui.

SONETTO.

Erano i Cappei doro....

SA chevelure blonde étoit flottante. Le Zéphir en formoit mille boucles charmantes. Des flots d'une douce lumière fortoient de fes yeux ; de ces beaux yeux, aujourd'hui avares d'un feul regard.

Je ne fçai fi j'étois dans l'illufion, mais le fentiment de la tendreffe fembloit alors colorer fon vifage. Faut-il s'étonner que je me fois enflammé fi promptement, moi qui portois dans mon cœur tous les feux de l'Amour !

Sa démarche & fa taille n'étoient point d'une fimple Mortelle ; mais plutôt d'une

Divinité. Le fon de fa voix n'avoit rien d'Humain.

Un Efprit célefte, un Soleil brillant, voilà ce que je vis. Quand elle ne feroit plus ce qu'elle fut autrefois ; on ne guérit pas de la bleffure d'une fléche, quoique l'arc qui l'a lancée foit détendu.

SONETTO.

Lieti Fiori....

BRILLANTES fleurs, gazon fortuné, que ma Maîtreffe preffe fouvent de fes pieds délicats, plaine agréable qui entendez fes douces paroles, & confervez encore quelques traces de fes pas ;

Tendres arbriffeaux, jeunes & verdoyantes féuilles, pâles & amoureufes violettes, forêts qui donnez de l'ombrage, fières d'être éciairées par un Soleil dont les rayons vous embelliffent ;

Et

Et vous, heureuse contrée, claire fontaine, qui recevez dans vos ondes ce visage si plein de charmes & ces yeux si brillans, dont la vive lumière les rend plus transparentes encore:

Que je voudrois jouir d'un bonheur si doux! Faites du moins que dans ce lieu il n'y ait point de Rocher qui, par mon exemple, n'apprenne à s'enflâmer.

IL FAMOSO SONETTO.

La Gola....

LA Gourmandise, le Sommeil & la Molesse ont banni la Vertu de la Terre. Depuis ce temps, notre Nature vaincue par l'habitude, marche égarée dans son cours.

La lumiere pure de l'Esprit émané du Ciel, pour qui nous sommes destinés, est tellement éteinte dans nos cœurs, qu'on s'étonneroit d'un homme qui voudroit faire sortit un nouveau fleuve de l'Hélicon.

E

Quel charme a pour vous une couronne de Myrthes ou de Laurier, dit cette vile Populace, avide d'un fordide gain, à la pauvre Philofophie qui va couverte de haillons?

Tu trouveras peu de Compagnons fur ta route; mais je t'en conjure, ô mon Efprit, fuis toujours le même fentier; pourfuis avec plus d'ardeur ta noble entreprife.

SONETTO.

Pommi ove'l fol. . . .

PLACEZ-MOI dans ces climats brûlans, où le Soleil defféche l'herbe & les fleurs; ou bien dans ces triftes Pays, où la glace & les neiges bravent l'ardeur de fes rayons; que j'aille fous un hémifphère tempéré; que je courre des portes de l'aurore aux bornes du jour.

Placez-moi dans une humble médiocrité;

faites-moi monter au faîte des grandeurs ; ex-
pofez-moi à la rigueur des climats ; envoyez-
moi refpirer un air pur & ferein. Eprouvez
mon cœur en tout temps, foit pendant l'âge
mûr, foit lorfque j'aurai atteint les glaces de
la vieilleffe.

Elevez-moi au féjour des Cieux, ou me
laiffez languir fur la Terre. Faites-moi vivre
dans le fond des abymes, fur le fommet des
montagnes, ou dans le creux des vallées.
Confervez mon efprit libre, ou laiffez-le
affujetti à des maux qui l'accablent.

Faites-moi jouir d'une brillante renommée,
ou laiffez mon nom dans un éternel oubli ;
mon cœur, que rien ne peut changer, con-
fervera à jamais l'amour dont il brûle pour
vous depuis trois luftres.

C A N Z O N E *

Chiare, freſche e dolci aque. . . .

A LA FONTAINE DE VAUCLUSE.

ONDE claire, Bords aimables & chéris
où la ſeule Beauté que je trouve dans la Nature
vint ſouvent ſe délaſſer ; tendre arbriſſeau, qui
lui ſervis d'appui, quand elle venoit ſe repoſer
ſous ton ombrage (avec quelle émotion je
m'en ſouviens encore !) herbes fraîches ; brillantes fleurs, qui couvriez ſa robbe & ſon ſein
d'albâtte ; air pur & ſacré ; lieu cher, où
l'Amour a frappé mes ſens ; entendez tous
mes derniers accens, recevez tous mes derniers pleurs. Si tel eſt mon deſtin, & que ce
ſoit ici que l'Amour me ferme les yeux, noyés
juſqu'au dernier moment dans les larmes ; ſi

---

* *Canzone* ne veut pas dire Chanſon, mais Poëſie
Lyrique, mais Ode ; peut-être parce que les Odes ſe
chantoient, & qu'on joignoit l'expreſſion de la Muſique
à la ſublimité de la Poëſie.

c'eſt parmi vous que mon corps languiſſant
reçoit cette dernière faveur , & que mon âme
retourne à la demeure qui lui eſt marquée ; ſi
je puis me flatter de cette eſpérance ; la mort ,
au moment de ce paſſage douteux & terrible ,
me deviendra plus douce. Mon eſprit affoibli
pourroit-il choiſir un port plus heureux , plus
tranquille, pour dépoſer mes membres affaiſſés
par la douleur ? . . . .

Peut-être un tems naîtra-t-il encore, où cette
douce & fière Beauté reviendra dans ce ſéjour heureux pour me chercher, en pouſſant des ſanglots mélés de déſirs & de joie.
Elle ſoupirera après ce jour fortuné où elle
m'apperçut pour la première fois. Mais, (ô
néant ! ô pitié !) voyant ma tombe déja couverte de terre , peut-être l'Amour l'inſpirera-
t-il. Peut-être fera-t-elle entendre des ſoupirs
ſi doux, que le Ciel , touché de ſes pleurs

qu'elle effuyera de fon voile , ne pourra lui refufer ma grace...

Qu'il m'eft doux de me fouvenir des jours que je paffois auprès d'elle ! Des nuées de fleurs tomboient de la cime des arbres fur fon fein. Couverte de cette parure de l'amour , & brillante de tant de faveurs , elle étoit nonchalament aflife. Les fleurs étoient répandues fur le pan de fa robe & fur les boucles de fa blonde chevelure qui reffembloient à des perles, ou au poli de l'or le plus éclatant. Souvent elle prenoit plaifir à fe repofer fur la verdure ou à fe baigner dans le criftal de cette fontaine. Marchant d'un air égaré , il fembloit qu'elle voulût s'écrier : » c'eft ici , c'eft dans ce lieu » que règne le véritable amour. » Alors tranfporté par un charme fecret , combien de fois me fuis-je dit : » ce chef-d'œuvre mortel fans » doute a pris naiffance dans le féjour célefte. »

Je vivrois ainſi plongé dans l'oubli de mon être. Son port divin, ſes traits, ſes paroles , ſon doux ſourire avoient ſi loin égaré mes eſprits , que je me demandois à moi-même, en pouſſant de profonds ſoupirs : »comment & quand ai-je »été placé ici; » car je me croyois élevé dans le Ciel, & loin du lieu où j'étois. Depuis ce temps , ce ſéjour a pour moi tant de charmes , que partout ailleurs je vis malheureux. . . . .

Beauté divine , ſi tu n'étois pas privée de vêtemens , ſans doute tu ſortirois de cette funèbre forêt , * pour ſourire à ton Amant , & charmer encore le monde.

---

* Laure, dont notre Poëte pleure ici la mort, mourut dans ſa 31ᵉ année , & ne fut point enterrée dans une forêt, mais à Ste Claire d'Avignon. Voici ſon Epitaphe qu'on attribue à François I.

En petit lieu compris vous pouvez voir
Ce qui comprend beaucoup par renommée ,

Plume , labeur ; la langue , le devoir
Furent vaincus par l'Amant de l'Aimée.

O gentille âme , étant tant estimée ,
Qui te pourra louer qu'en se taisant ?
Car la parole est toujours réprimée ,
Quand le Sujet surmonte le Disant.

Pétrarque mourut le 18 Juillet 1374 ; âgé de 70 ans ,
& fut enterré dans l'Eglise d'Arqua. On grava cette
Epitaphe sur son tombeau.

Frigida Francisci lapis hic tegit ossa Petrarcæ.
Suscipe Virgo parens animam. Sate virgine , parce ;
Fessaque jam terris , Cœli requiescat in arce.

Cette Epitaphe du moins pourra servir à prouver que
dans les Vers Latins les diphtongues rimoient avec les
voyelles.

F I N.

9 782329 662282